Einsterns Schwester

3

Trainingsheft
zum Grundwortschatz

Herausgegeben von
Roland Bauer, Jutta Maurach

Erarbeitet von
Martina Schramm

In Zusammenarbeit mit
der Redaktion Grundschule Deutsch 2–4

Cornelsen

Inhaltsverzeichnis

⭐ Arbeit mit der Lernwörterkartei 3

⭐ Kleine Wörter üben 4

Zu Themenheft 2, Lernportion 1: Mit Silben arbeiten ☺

⭐ Wörter in Silben zerlegen 5

⭐ Mit Silben abschreiben und kontrollieren 6

⭐ Wörter mit **en**, **el** und **er** schreiben 7

Zu Themenheft 2, Lernportion 2: Ableiten und verlängern ⚡ ↷

⭐ Nomen mit **ä** und **äu** ableiten und richtig schreiben 8

⭐ Weitere Wörter mit **ä** und **äu** ableiten 9

⭐ Nomen mit **b/p**, **d/t** und **g/k** verlängern 10

⭐ Verben und Adjektive mit **b/p**, **d/t** und **g/k** verlängern 11

⭐ Wörter mit doppeltem Konsonanten verlängern 12

Zu Themenheft 2, Lernportion 3: Besondere Laute

⭐ Wörter mit **Sp/sp** und **St/st** richtig schreiben 13

⭐ Wörter mit **V/v** richtig schreiben 14

Zu Themenheft 2, Lernportion 4: Kurze und lange Vokale

⭐ Kurze und lange Vokale unterscheiden 15

⭐ Wörter mit doppeltem Konsonanten üben 16

⭐ Wörter mit **ck** richtig schreiben 17

⭐ Wörter mit **tz** richtig schreiben 18

Zu Themenheft 2, Lernportion 5: Wörter nachschlagen A-Z

⭐ Wörter nach dem Alphabet ordnen 19

⭐ Verbformen richtig schreiben 20

⭐ Fremdwörter schreiben und verstehen 21

Zu Themenheft 2, Lernportion 6: Merkwörter Ⓜ

⭐ Merkwörter richtig schreiben 22

⭐ Verbformen mit stummem **h** richtig schreiben 23

⭐ Merkwörter mit stummem **h** richtig schreiben 24

⭐ Merkwörter mit lang gesprochenem **i** richtig schreiben 25

⭐ Merkwörter mit **ß** richtig schreiben 26

Zu Themenheft 2, Lernportion 7: Wörter großschreiben

⭐ Nomen erkennen und richtig schreiben 27

Zu Themenheft 2, Lernportion 8: Fehler berichtigen ☺ ⚡ ↷ Ⓜ

⭐ Nach Rechtschreibstrategien ordnen 28

⭐ Rechtschreibstrategien nutzen 29

⭐ Rechtschreibprofi werden: Strategien anwenden 30

⭐ Rechtschreibprofi werden: sich Wörter besser merken 31

In diesem Heft findest du ab Seite 5 Wörter,
die du mit einer **Lernwörterkartei** üben kannst.

Du erkennst sie an diesem Zeichen:

Für eine Lernwörterkartei brauchst du:

- einen Karteikasten,
- passende Kärtchen mit Linien,
- drei Trennkärtchen für vier Fächer.

So legst du die Kartei nach und nach an:

- Schreibe jedes Lernwort auf ein Kärtchen.
- Schreibe zu jedem Wort das Zeichen,
  das beim Üben dieses Wortes hilft.

  Notiere auch das Verlängerungs-
  oder Ableitungswort.

- Markiere wichtige Stellen im Wort.

der Abend ↪ die Abende

ergänzen ↯ ganz

außen M

So übst du mit den Wortkärtchen:

1. **Lies** das Wort auf der Karte.
2. Drehe die Karte um.
3. **Schreibe** das Wort in ein Heft.
4. **Kontrolliere** und verbessere.

   - Wörter, die du richtig geschrieben hast,
     rücken ein Fach weiter.
   - Wörter, die du falsch geschrieben hast,
     bleiben vorn und du übst sie nochmals.
   - Lass dir die Wörter auch von einem Partnerkind diktieren
     oder diktiere sie dir selbst mit einer Sprachaufnahme.

Übe
einmal pro Woche
auch die Wörter
aus den Fächern
2, 3 und 4.

(1) Lies und merke dir nach und nach
die Wörter jeder Stufe der Pyramide.
Schreibe die Wörter jeder Stufe auswendig auf.

A

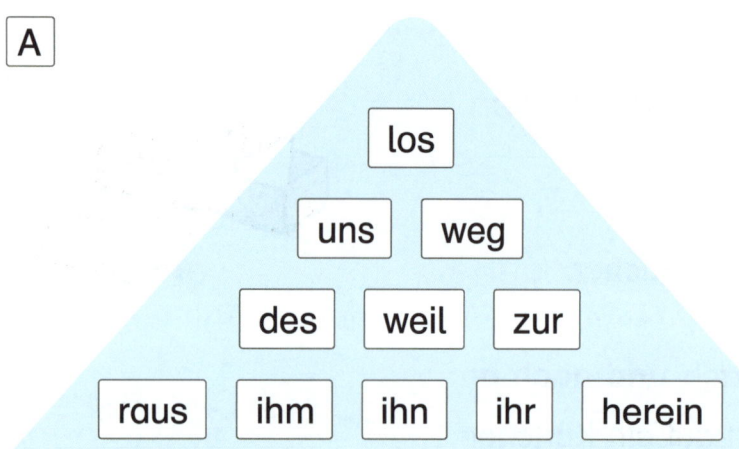

los
uns   weg
des   weil   zur
raus   ihm   ihn   ihr   herein

S. 4 ①
A: los ✓
     uns, weg ✓
     ...
B: ...

B

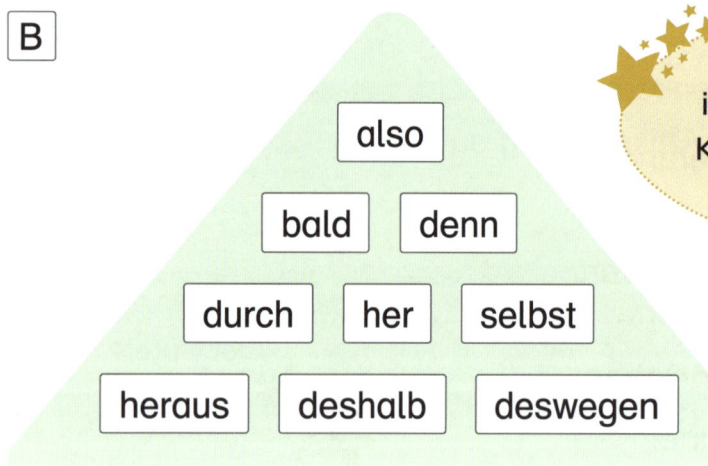

also
bald   denn
durch   her   selbst
heraus   deshalb   deswegen

Du kannst jede Stufe
in einer anderen Farbe schreiben.
Kontrolliere zum Schluss. Hake ab
und verbessere.

(2) Versuche, dir eine Pyramide aus ①
so weit wie möglich zu merken.
Decke die Wörter ab und
schreibe sie auswendig auf.

S. 4 ②
... ✓

(3) Gestalte mit allen Wörtern aus ①
eine eigene große Pyramide auf einem Blatt.
Ordne die Wörter so an, dass du sie dir
besonders gut merken kannst.

1 Schreibe die Verben mit Silbenbögen auf.
Markiere die Silbenkerne.

S. 5 ①
gefroren, ...

| gefroren | besiegen | geschoben |

| gebogen | gezogen | erwarten |

| verraten | verkaufen | verkleiden |

2 In diesen Nomen sind die Silbenkerne vertauscht.
Schreibe die Wörter mit ihrem Artikel richtig auf.
Zeichne die Silbenbögen ein.

S. 5 ②
der Beruf, ...

der Buref ✦

der Dennor ✦ die Gubert ✦

die Helfi ✦

der Gurech ✦ die Testa ✦

der Schnepfun

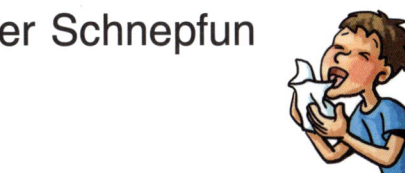

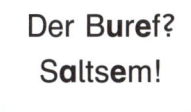
Der Buref?
Saltsem!

ω antworten, bereit, einige, prüfen, schenken

① Ordne jeweils die passende Silbe zu und schreibe die Nomen vollständig auf. Kontrolliere mit Silbenbögen.

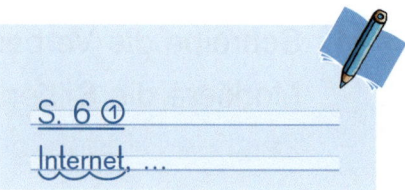

S. 6 ①
Internet, ...

ne	burts	tof	ter

sund	gän	se	trei	heim

In ☐ net   Ge ☐ tag   Kar ☐ fel

Li ☐ al   Ge ☐ de   Ge ☐ nis

Fuß ☐ ger   Ge ☐ heit   Fern ☐ her

② Schreibe die Sätze als Schleichdiktat. Zeichne zur Kontrolle die Silbenbögen ein.

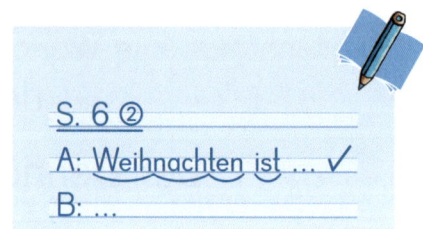

S. 6 ②
A: Weihnachten ist ... ✓
B: ...

A   Weihnachten ist im Dezember.

B   Australien ist ein großer Kontinent.

C   Zum Mittagessen machen wir Nudeln.

D   Zum Abendessen gibt es Sesambrötchen.

E   Auf der Blume war ein Schmetterling.

ω   Deutschland, die Gemeinde, die Linie, die Medien, der Unterricht

① Setze en, el oder er passend ein und schreibe
die Wörter nach ihren Endungen geordnet auf.
Zeichne Silbenbögen ein.

S. 7 ①
en: ernten, …
el: …
er: …

ernt ☆	Humm ☆	Sess ☆
Nab ☆	schnei ☆	eu ☆
Fäch ☆	Feu ☆	tröst ☆
Spieg ☆	Ang ☆	selb ☆
Schalt ☆	impf ☆	Schlüss ☆

② Schreibe alle Wörter aus den Sätzen heraus,
die mit en, el oder er am Ende geschrieben werden.

S. 7 ②
A: bisschen, ✓
B: …

A Lolas Füße sind ein bisschen schmutzig.

B Die Fächer unten im Regal sind voll.

C Norden und Süden sind Richtungen,
Westen und Osten ebenfalls.

D Draußen im Garten steht eine Leiter.

E Das Gewitter kommt näher.

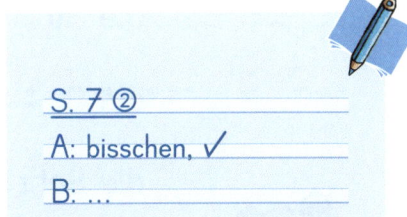

Es sind
13 Wörter.

ᴗ selb<u>er</u>, der Süd<u>en</u>, unt<u>en</u>, weg<u>en</u>, der West<u>en</u>

1 Leite jedes Nomen in der Mehrzahl
vom Einzahlwort mit a oder au ab.
Schreibe die Wortpaare wie im Beispiel auf.

S. 8 ①
die Brände ↯ der Brand,
die ...

Mehrzahl		Einzahl
die Br★nde	↯	der Br★nd
die B★lle	↯	der B★ll
die D★cher	↯	das D★ch
die Dr★hte	↯	der Dr★ht
die R★me	↯	der R★m
die G★nse	↯	die G★ns
die P★sse	↯	der P★ss
die Str★nde	↯	der Str★nd
die Sp★ße	↯	der Sp★ß
die Schr★nke	↯	der Schr★nk
die Str★cher	↯	der Str★ch
die Sch★tze	↯	der Sch★tz
die B★nder	↯	das B★nd

das Gebäude ↯ bauen,   das Gepäck ↯ packen,
das Geschäft ↯ schaffen,   der Jäger ↯ jagen,
die Kälte ↯ kalt,   die Wärme ↯ warm

① Finde zu jedem Verb das Nomen mit a oder au,
von dem du ableiten kannst.
Schreibe und markiere wie im Beispiel.

S. 9 ①
drängeln ↳ der Drang.
...

1234

drängeln	zählen	nähen
quälen	schlängeln	räuchern
die Qual	der Drang	die Naht
die Schlange	der Rauch	die Zahl

② Überlege, ob du ä oder äu einsetzen musst.
Schreibe dic Wörter untereinander auf.

S. 9 ②+③
bläulich ↳ blau.
...

bl⭐lich	erk⭐ltet	
br⭐nlich	die N⭐sse	schw⭐rzen
j⭐hrlich	erkl⭐ren	

Ach so,
schwärzen kommt
von der Farbe
Schwarz.

③ Notiere zu jedem Wort aus ② ein Wort,
von dem du ableiten kannst.

ändern ↳ anders,   ergänzen ↳ ganz,
häufig ↳ der Haufen,   säen ↳ die Saat,   stärken ↳ stark

① Setze den passenden Buchstaben
am Wortende ein. Bilde dazu die Mehrzahl.
Schreibe wie im Beispiel.

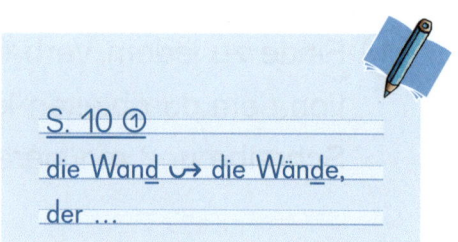

S. 10 ①
die Wand ↪ die Wände,
der ...

Einzahl	↪	Mehrzahl
die Wan⭐	↪	die Wän⭐e
der Zu⭐	↪	die Zü⭐e
das Flugzeu⭐	↪	die Flugzeu⭐e
das Geschen⭐	↪	die Geschen⭐e
der Ber⭐	↪	die Ber⭐e
das Pake⭐	↪	die Pake⭐e
der Hel⭐	↪	die Hel⭐en
der Grun⭐	↪	die Grün⭐e

② Notiere die Nomen aus ①, die in den Sätzen
beschrieben werden.

S. 10 ②
A: das ...
B: ...

A Es fliegt in der Luft und macht viel Krach.

B Es ist in buntem Papier eingepackt.

C Er bringt Menschen zu verschiedenen Orten.

D Er ist bei Menschen beliebt, die wandern.

die Erwartung ↪ die Erwartungen,   der Mittag ↪ die Mittage

① Setze b oder p, g oder k ein und
finde die passende Grundform.
Schreibe wie im Beispiel.

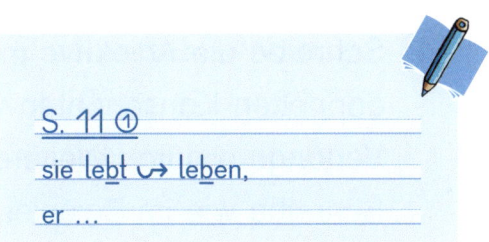

S. 11 ①
sie le**b**t ↪ leben,
er ...

sie le☆t	er blei☆t	sie fra☆t	er lo☆t
er trin☆t	sie ü☆t	er zei☆t	sie ma☆
trinken	zeigen	mögen	üben
bleiben	leben	fragen	loben

Wer ü**b**t,
wird gelo**b**t!

② Schreibe aus jedem Satz das Adjektiv heraus.
Verlängere und unterstreiche wie im Beispiel.

S. 11 ②
A: blon**d** ↪ die blonde Mutter
B: ...

A Hannas Mutter ist blond.

B Manche Menschen sind geizig.

C Die Frau mit der Brille ist seit der Geburt blind.

D Die Seife in der Flasche ist flüssig.

E Der Lehrer ist nun wieder gesund.

F Gestern war das Wetter windig.

kräftig ↪ die kräftige Frau,   traurig ↪ der traurige Mann,
er legt ↪ legen,   es wird ↪ werden,   sie zeigt ↪ zeigen

① Schreibe die Adjektive mit einem
doppelten Konsonanten vollständig auf.
Verlängere durch Weiterschwingen.
Schreibe wie im Beispiel.

S. 12 ①
satt ↪ ein sattes Baby,
...

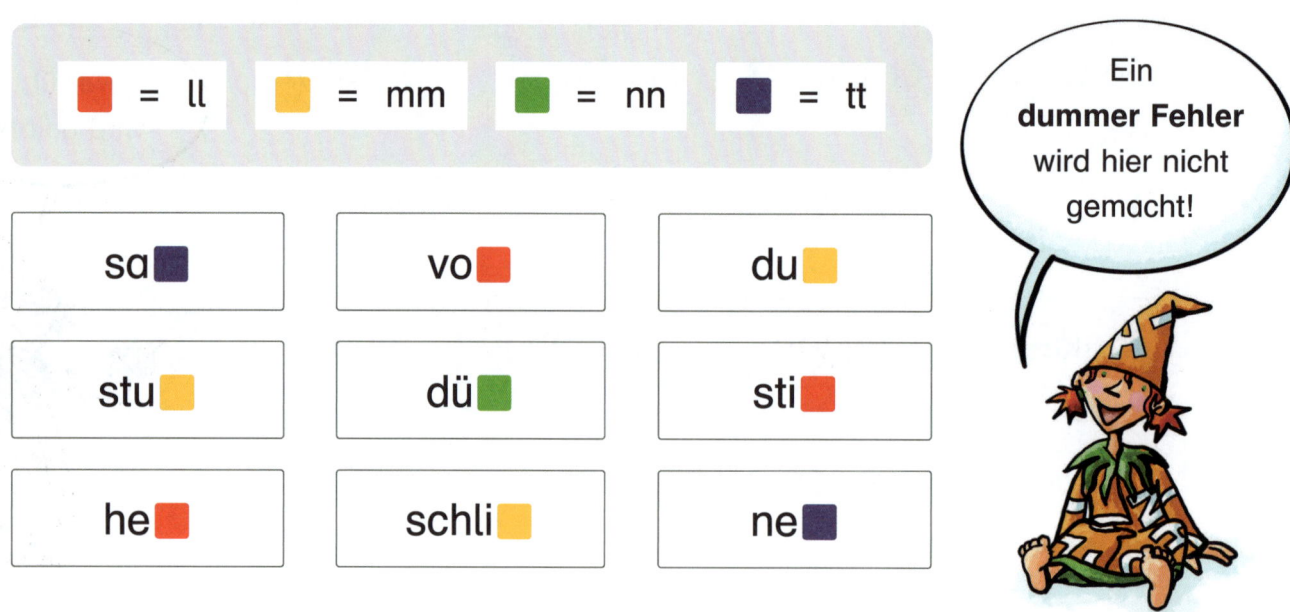

■ = ll   ■ = mm   ■ = nn   ■ = tt

sa■	vo■	du■
stu■	dü■	sti■
he■	schli■	ne■

Ein **dummer Fehler** wird hier nicht gemacht!

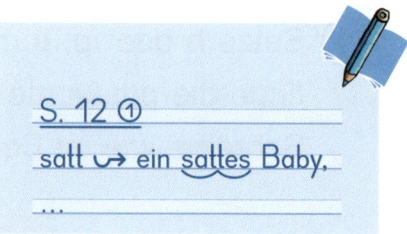

② Schreibe aus den Sätzen die Nomen
mit einem doppelten Konsonanten heraus.
Verlängere durch Weiterschwingen.

S. 12 ②
A: Herr ↪ die Herren
B: ...

A Herr Kuzu steht an der Ampel.

B Im Fluss schwimmen Fische.

C Tim wischt die Tafel mit einem Schwamm.

D Ein Pass ist ein wichtiger Ausweis.

E So manche Nuss ist schwer zu knacken.

F Auf einem Schiff schaukelt es manchmal.

der Schall ↪ schallen,   der Tipp ↪ tippen

① Entscheide, ob du St oder Sp einsetzen musst.
Schreibe die Nomen vollständig mit ihrem Artikel auf.
Unterstreiche St und Sp.

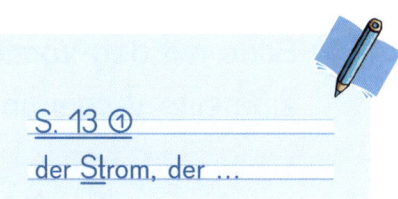

S. 13 ①
der Strom, der ...

der ⭐rom	der ⭐off	der ⭐olz
die ⭐rafe	der ⭐urm	die ⭐itze
die ⭐rache	der ⭐rung	die ⭐ärke
der ⭐iel	die ⭐inne	der ⭐reifen

② Finde in jedem Satz ein Verb mit st oder sp.
Schreibe es heraus und unterstreiche st und sp.

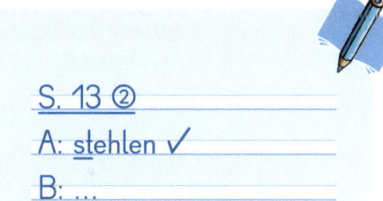

S. 13 ②
A: stehlen ✓
B: ...

A Diebe stehlen häufig wertvolle Dinge.

B Tim und Imo spazieren am Strand entlang.

C Frau Sommer will ihr Holzregal farbig streichen.

D Viele Menschen strömen zum Fußballspiel in die Arena.

E Die Bäume spiegeln sich im Wasser.

F Die Fähigkeiten der Kinder sollte man stärken.

G Auf einem Trampolin kann man hoch springen.

die Sprache, die Stirn, stolz, streng, stürmisch

① Bilde mit den Vorsilben ver und vor
sinnvolle Verben in der Grundform.

S. 14 ①
verbrauchen, ...

brauchen	gleichen
brennen	fragen
doppeln	missen
einen	schmutzen
trauen	schwinden
angeln	sprechen

ver

Es gibt
**zehn sinnvolle
Verben** mit **ver** und
**zehn sinnvolle
Verben** mit **vor**.

kommen	beißen
frieren	stellen
schlagen	fahren
schreiben	sagen
gehen	lesen
tragen	nehmen

vor

M verrückt, verwandt, der Verwandte, vielleicht,
vollständig, der Vorname, vorwärts

 ① Ordne die Nomen in eine Tabelle ein.
Kennzeichne den kurzen Vokal mit einem Punkt (.).
Unterstreiche den langen Vokal (_).

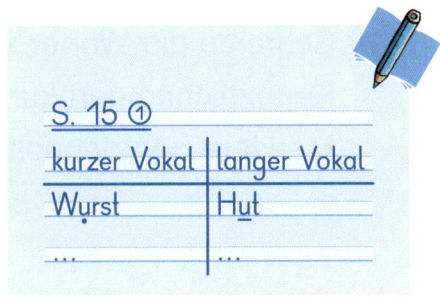

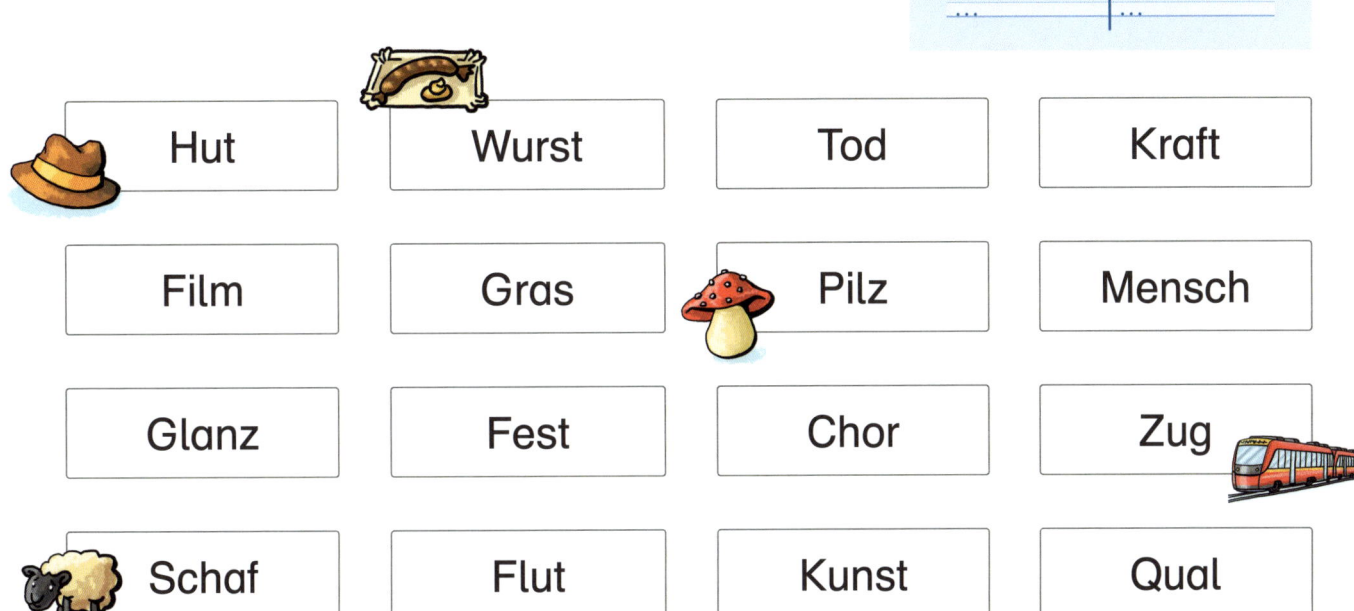

Hut   Wurst   Tod   Kraft

Film   Gras   Pilz   Mensch

Glanz   Fest   Chor   Zug

Schaf   Flut   Kunst   Qual

② Finde zu jedem Muster das passende Adjektiv.
Schreibe die Wörter auf und kennzeichne
den kurzen Vokal mit einem Punkt.

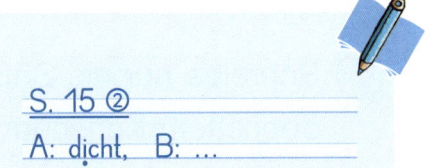

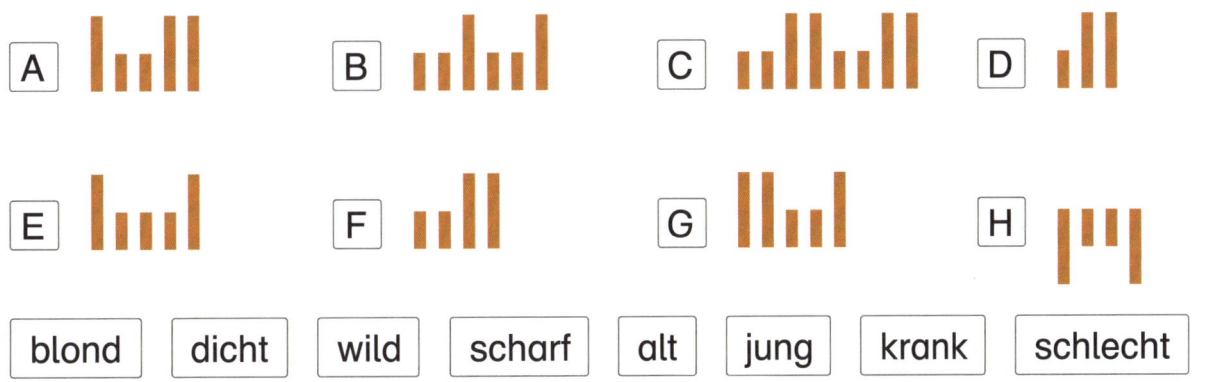

A   B   C   D

E   F   G   H

blond   dicht   wild   scharf   alt   jung   krank   schlecht

der Durst, elf, der Glanz, das Herz, die Luft, der Wunsch

1 Schreibe die Wörter vollständig auf.
Kennzeichne den kurzen Vokal mit einem Punkt.
Markiere den doppelten Konsonanten.

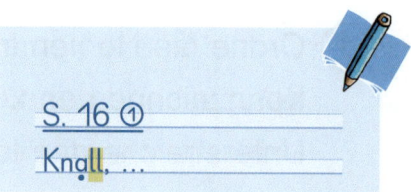

S. 16 ①
Kna̲ll, ...

| ■ = ll | ■ = ss | ■ = nn | ■ = mm |

Kna■	verge■lich	do■ern	Bi■
geschlo■en	besti■t	pa■ieren	Ba■
a■es	ke■en	Mü■	pa■en
gewo■en	Me■er	zusa■en	eri■ern

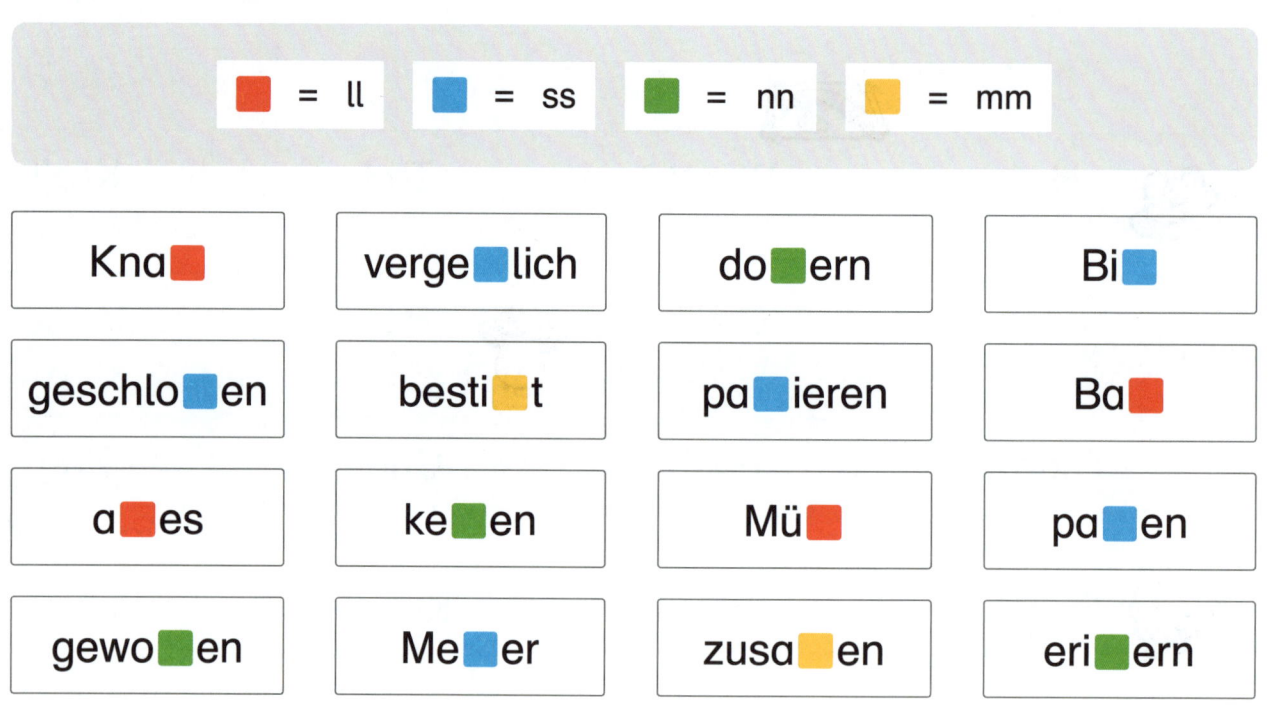

2 Schreibe nur die Sätze ab, die Wörter mit
doppeltem Konsonanten enthalten.
Unterstreiche diese Wörter.

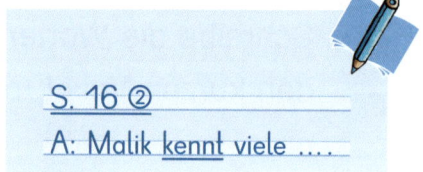

S. 16 ②
A: Malik kennt viele ....

A Malik kennt viele nette Leute in Hessen.

B Der Müll passt bestimmt noch in die Tonne.

C Bei Ebbe geht das Wasser im Meer zurück.

D Manche Leute trinken gern Tee mit Milch.

E Lola ist vergesslich und vergisst den Schlüssel.

aufpassen, hoffentlich, innerhalb, das Interesse, klappen

① Ordne jedem Nomen mit ck
das passende verwandte Wort zu.
Markiere wie im Beispiel.

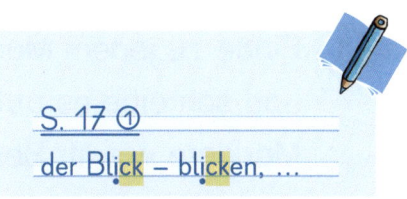

S. 17 ①
der Blick – blicken, ...

der Blick	der Dreck	der Druck
der Wecker	die Ecke	der Fleck
fleckig	wecken	dreckig
eckig	blicken	drücken

② Schreibe die Sätze ab und
ergänze passende Wörter aus ①.

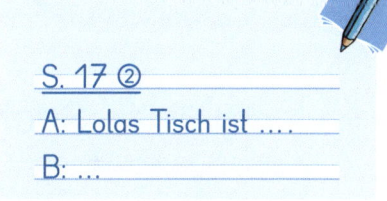

S. 17 ②
A: Lolas Tisch ist ....
B: ...

Bei Lola zu Hause

A Lolas Tisch ist nicht rund, sondern ☐.

B In der ☐ steht eine moderne Lampe.

C Auf dem Schränkchen steht ein großer ☐.

D Auf dem Boden ist ein brauner ☐.

E Manchmal ist Lolas Zimmer ☐.

F Dann macht sie den ☐ schnell weg.

Dreck und **Fleck** müssen weg!

der Geschmack, nicken, der Rock, schmecken, das Stück

① Finde zu jedem Muster das passende Wort mit tz und schreibe es auf.
Markiere wie im Beispiel.

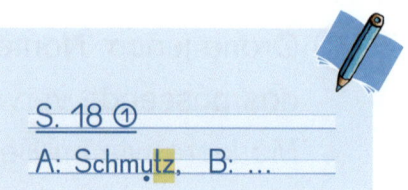

S. 18 ①
A: Schmutz,   B: ...

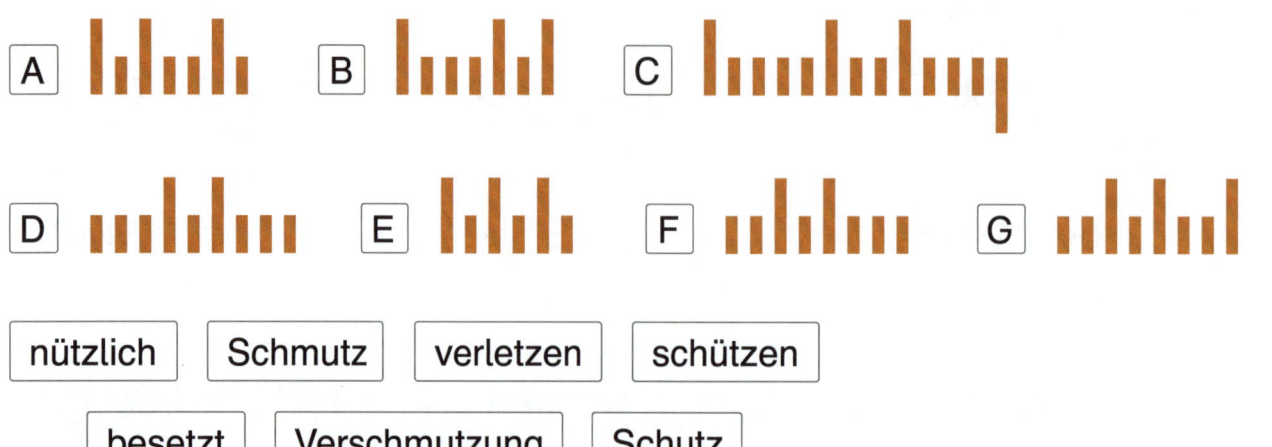

| nützlich | Schmutz | verletzen | schützen |

| besetzt | Verschmutzung | Schutz |

② Schreibe aus jedem Rahmen zwei Reimwörter auf.
Setze einen Punkt unter den kurzen Vokal.
Markiere tz.

S. 18 ②
Spatz – ..., ...

Spatz ★ Blitz ★ setzen ★ Satz ★ putzen

Schatz ★ Schutz ★ blitzen ★ Netz ★ sitzen

nutzen ★ trotzig ★ spitz ★ beschmutzen ★ witzig

jetzt ★ flitzen ★ spritzen ★ letzter ★ Glatze

motzen ★ kratzen ★ Witz ★ Schmutz ★ glotzen

jetzt, nützlich, der Schutz, schützen, zuletzt

① Schreibe die Wörter nach dem Alphabet geordnet auf.

S. 19 ①
1: Axt, ✓ ...
2: ...

1	Radio	Ostern	Axt	Kleber	Schnur
2	Pflicht	deutlich	heimlich	Bremse	angeln
3	Vorsicht	Heide	wenig	Jugend	Uhu

② Schreibe nur die Wörterreihen ab, die richtig nach dem Alphabet geordnet sind.

Achte auf den **zweiten und dritten Buchstaben**!

S. 19 ②
... ✓

1	fein	fertig	flüssig	Frucht
2	Erlebnis	endlich	Europa	Eltern
3	wechseln	weinen	Wissen	wohl
4	Zeichen	Zensur	zukünftig	zwölf

der Lärm, das Laub, die Natur, neben

① Finde zu jeder Grundform die Vergangenheitsform.
Ergänze den passenden Vokal. Markiere ihn.

S. 20 ①
1: wiegen – sie wog, P
2: ...

| ★ = a | ★ = i | ★ = o |

1	wiegen	R	sie str★ch
2	denken	E	es h★ng
3	streichen	K	er verl★r
4	reißen	T	es kr★ch
5	hängen	E	er d★chte
6	verlieren	F	es r★ss
7	kriechen	P	sie w★g

Die Buchstaben ergeben in der Reihenfolge von eins bis sieben ein Lösungswort.

② Suche die Vergangenheitsform der Verben
im Wörterbuch. Schreibe die Wörter und
die Seitenzahlen auf.

S. 20 ②
lassen – er ließ, S. ...,
...

| lassen | gewinnen | streiten |

| verbieten | wissen | geschehen |

dürfen – sie darf, schlafen – es schläft, treffen – du triffst

① Folge den Linien mit den Augen und schreibe die Nomen richtig auf.

Beginne immer mit dem **fett gedruckten** Buchstaben.

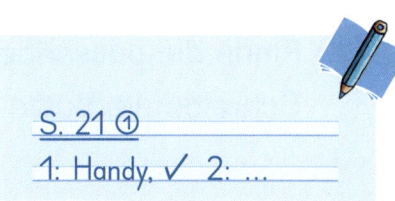

S. 21 ①
1: Handy, ✓ 2: ...

1
D — N
Y   H — A

2
H   M
T   A   E

3
E   **C**   N
C   H — A

4
K — I   H
C   N
E — **T**

5
I — L — E
G — I   **R**
O — N

6
T — A — M
I   **I** — N   F
N — O   R — O

② Schreibe die Sätze ab und ergänze die Wörter aus ① passend.

S. 21 ②
A: Eine ... ist ....
B: ...

A   Eine ▢ ist eine gute Gelegenheit.

B   Das Wort ▢ bedeutet auch Glaube.

C   Mit einem ▢ kann man auch telefonieren.

D   Die meisten Texte haben ein bestimmtes ▢.

E   Ein bestimmtes Wissen nennt man ▢.

F   In modernen Fahrzeugen steckt viel ▢.

M   fair, informieren, die Pyramide, das Thema, der Zylinder

1 Finde die passenden Satzteile.
Schreibe die Sätze auf.

S. 22 ①+②
A: Lola isst ein paar …

A	Lola isst ein paar Beeren		blüht im Juni am Meer.
B	Am See gibt es		sehr gut im feuchten Moor.
C	Im großen Saal sind		aus ihrem Beet im Garten.
D	Das Moos wächst		auch einen schönen Zoo.
E	Klee mit gelben Blüten		viele Tische und tanzende Paare.

2 Unterstreiche in deinen Sätzen zu ① alle Wörter mit einem doppelten Vokal.

3 Schreibe die Merkwörter nach dem Alphabet geordnet auf. Markiere die Merkstellen.

S. 22 ③
Chef, ✓ …

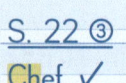

M   das Boot, der Chor, doof, leer, der Saal, die Waage

① Finde zu jeder Grundform des Verbs
die passende Personalform.
Schreibe und markiere wie im Beispiel.

S. 23 ①
stehlen – er stiehlt, ...

stehlen	kühlen	wohnen
bohren	fehlen	mahlen

er wohnt	sie mahlt	es fehlt
es kühlt	er stiehlt	sie bohrt

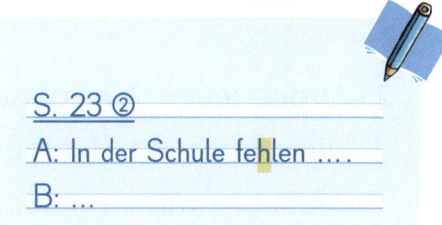

Bilder
kann man **malen**,
Getreide für Brot kann
man **mahlen**.

② Schreibe die Sätze ab und ergänze
die Verben passend.
Markiere jeweils das stumme h.

S. 23 ②
A: In der Schule fehlen ... .
B: ...

bezahlen	führen	kühlen	erzählen	mahlen	fehlen

A   In der Schule ▨ einige kranke Kinder.

B   Getreide kann man fein ▨ .

C   Im Geschäft muss man die Waren ▨ .

D   Getränke muss man im Sommer ▨ .

E   Opa kann gut Geschichten ▨ .

F   Hunde muss man oft an der Leine ▨ .

M   befehlen – sie befiehlt, erzählen – er erzählt,
fahren – er fährt, stehlen – sie stiehlt

① Finde die Reimwortpaare und schreibe sie auf.
Markiere wie im Beispiel.

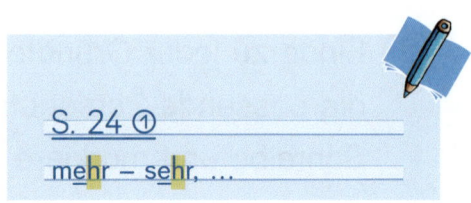

S. 24 ①
mehr – sehr, ...

mehr　　Fahne　　fühlen　　sehr

Zahn　　kühlen　　Wahl　　führen

Zahl　　Hahn　　rühren　　Sahne

② Ordne jedem Einzahlwort
das passende Mehrzahlwort zu.
Markiere wie im Beispiel.

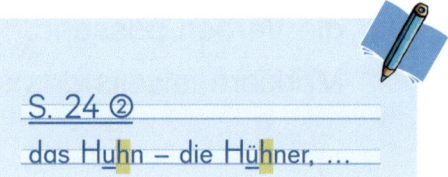

S. 24 ②
das Huhn – die Hühner, ...

| das Huhn | der Sohn | der Stuhl | der Lohn | der Lehrer |

| die Stühle | die Löhne | die Hühner | die Lehrer | die Söhne |

③ Schreibe vier lustige Sätze, in denen
diese Wörter vorkommen.

S. 24 ③
A: ...

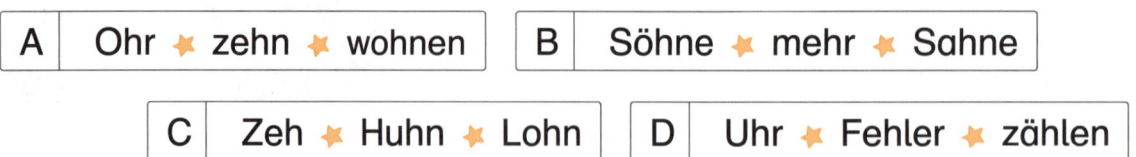

| A | Ohr ✶ zehn ✶ wohnen | B | Söhne ✶ mehr ✶ Sahne |

| C | Zeh ✶ Huhn ✶ Lohn | D | Uhr ✶ Fehler ✶ zählen |

M　ehrlich, froh, hohl, kühl, der Lohn, nah

1 Löse das Silbenrätsel.

Schreibe die Wörter vollständig auf.

Gar	di	Ki	pir	Ka	nik	la		
wi	Kli	di	De	Ap	Ti	tiv		
Vam	si	Mu	La	no	min	ne	fel	zin
ne	Ki	ger	Li	sik	Me	wi	ne	tek

> S. 25 ①
> 1: Musik
> 2: …

1 schöne Töne, zum Beispiel in einem Lied

2 dort kann man Filme anschauen

3 so nennt man auch ein Krankenhaus

4 ein Wesen aus dem Horrorfilm, das Blut saugt

5 das nimmt man, wenn man krank ist

6 ein anderes Wort für Vorhang

7 eine kleine Frucht, innen grün

8 eine Art offener Ofen mit Feuer

9 eine Farbe, gemischt aus Rot und Blau

10 jemand, der Verbrecher sucht

11 eine Raubkatze aus dem Dschungel

12 eine Frucht, heißt auch Orange

13 Schnee, der von einem Berg herabstürzt

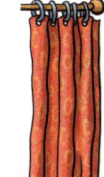

M der Biber, das Kilogramm, minus, prima

1 Lies die Sätze und schreibe die Wörter mit ß ab.
Markiere ß.

S. 26 ①
A: Füße ✓
B: ...

A Im Winter hat man oft kalte Hände und Füße.

B Die Kinder ließen den Rucksack draußen liegen.

C Die Verletzung war nur äußerlich.

D Im Sommer genießen wir gern ein Eis.

E Der große Hund fraß eine dicke Wurst.

F Du weißt schon viel über Merkwörter.

G Pflanzen muss man manchmal gießen.

H Türen sollte man möglichst leise schließen.

I Der Mann vergaß den wichtigen Termin.

J Die Frau hieß wie ihre Mutter.

K Er ließ ein Kind an der Kasse vor.

Schreibe
zu den Verbformen
auch das Pronomen,
statt **weißt** also
du weißt.

2 Schreibe sinnvolle oder lustige Sätze
mit den Wörtern aus jedem Rahmen.
Unterstreiche in deinen Sätzen alle Wörter mit ß.

S. 26 ②
...

Straße ★ Spaß   Fuß ★ äußerlich   heiß ★ genießen

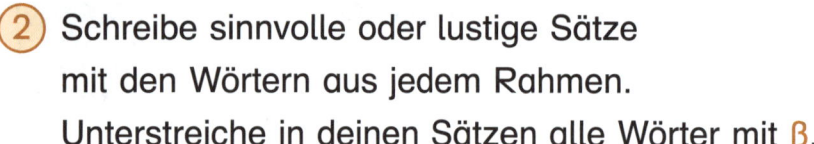

Floß ★ groß   gießen ★ sie vergaß

M   außen, äußerlich, gießen, das Maß, schließen, schließlich

① Diese Nomen sind halb verdeckt.
Du kannst sie sicher trotzdem
erkennen und lesen.
Schreibe sie mit ihrem Artikel richtig auf.

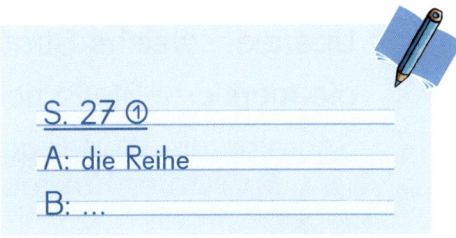

S. 27 ①
A: die Reihe
B: ...

A	die Reihe	B	das Schwein	C	das Gebiet	D	das Ren

 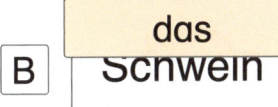 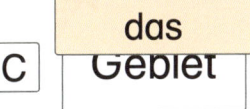 

E Programm / das   F Impfung / die   G Kreuzung / die

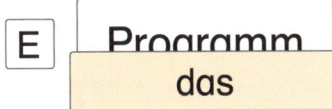 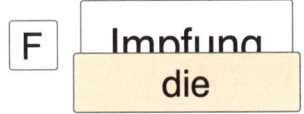 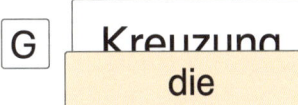

② Lies die Sätze.
Schreibe aus jedem Satz die Nomen heraus.
Beweise die Großschreibung
mit dem Mehrzahlwort.

S. 27 ②
A: das Kind – die Kinder, ...
B: ...

A DAS KIND LEGT EINE SCHÖNE ZEICHNUNG IN SEINE MAPPE.

B FÜR DIE ÜBUNG GIBT DIE LEHRERIN EIN BEISPIEL VOR.

C DIE PFLANZE AUF DER HEIZUNG IST LEIDER VERTROCKNET.

D DAS MÄDCHEN KLEBT DIE BUNTE MARKE AUF DIE KARTE.

der Bürger, der Geiz, der Rasen, der Samen

1 Überlege, welche Strategie dir hilft,
die markierte Stelle richtig zu schreiben.
Schreibe die Wörter geordnet auf.

S. 28 ①
ⓦ Herstellung, …
ⓩ …
↪ …
Ⓜ …

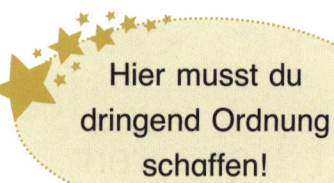

Hier musst du
dringend Ordnung
schaffen!

Herstellung   kälter   boxen

bewegt   Chef   tausend

Party   loslassen   friedlich

Thermometer   nummerieren   kränker

wild   schärfer   Kätzchen

Schwimmbad   gewachsen   weggehen

Mandarine   Länge   gefressen

Fußbälle   begonnen   Schreibtisch

bekommen, trotzdem, überqueren, ungefähr **M**

1 Entscheide, wie die Wörter geschrieben werden.
Notiere das Strategiesymbol und das Wort,
das dir geholfen hat.

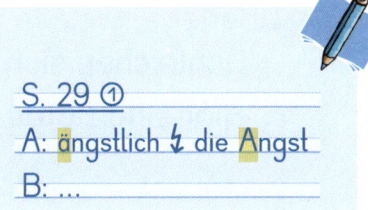

S. 29 ①
A: ängstlich ↯ die Angst
B: ...

A Malik ist manchmal etwas ängstlich/engstlich.

B Rani kann lenger/länger tauchen als Bente.

C Tim pflekt/pflegt oft die Pferde im Stall.

D Leider ist der Vogel auf der Straße tod/tot.

E Heute ist es wermer/wärmer als gestern.

F Am Dienstak/Dienstag sollen die Maurer kommen.

G Oma wessert/wässert die Blumen auf dem Balkon.

H Eichen haben herteres/härteres Holz als Tannen.

I Alle Wörter sollen richtig/richtik geschrieben sein.

Der letzte Satz stimmt genau!
Prüfe deshalb nochmals sorgfältig,
was du geschrieben hast.

Schleichen sich manchmal Fehler in deine Wörter ein?
Hier sind **Lolas Tipps** für dich.

1. **Sprich** beim Schreiben **in Silben leise mit**. So vergisst du keinen Buchstaben.

Gewitter

2. Überlege: groß oder klein?

   Katze oder katze?

Die Katze – **die Katzen**, die **schwarze** Katze – also groß.

3. Überlege: d oder t, g oder k, b oder p am Ende?

   Wand oder Want?

Ich **verlängere**: Wände – also Wand.

4. Überlege: ä oder e, äu oder eu?

   Gläser oder Gleser?

Ich **leite ab**: Gläser von Glas – also mit **ä**.

5. Überlege: ein oder zwei Konsonanten?

   Bett oder Bet?

Nach einem kurzen Vokal folgen meist zwei Konsonanten. Also: Bett.

① Wähle zehn oder mehr Wörter aus diesem Heft aus, bei denen Lolas Tipps nützlich sind. Schreibe sie auf, markiere jeweils die schwierige Stelle und notiere das passende Strategiezeichen.

S. 30 ①
...

Merkwörter soll man sich merken. Aber wenn das nicht klappt?
Hier sind **Lolas Tipps** für dich, die **Spaß machen** können.

1. **Kim-Spiel** mit Merkwörterkärtchen
   aus der Lernwörterkartei:
   Wähle drei oder mehr Merkwörter aus.
   Lies die Wörter und drehe die Kärtchen um.
   Schreibe sie auswendig auf.

> Wie viele Wörter kannst du dir merken **und** richtig schreiben?

2. Nimm schwierige Merkwörter
   als **Audio-Datei** auf. Du kannst sie
   abspielen und als Diktat üben.

> Ich schreibe Quatschsätze auch gern am Computer und gestalte sie.

3. Schreibe schwierige Merkwörter
   in bunten Farben in **Quatschsätzen**.

4. **Übt zu zweit.**

   a) Ein Kind **schreibt**
      dem Partnerkind ein
      Merkwort **auf den Rücken**.
      Das Partnerkind schreibt
      das Wort auf ein Blatt und
      markiert die Merkstelle.

   b) Stellt euch gegenseitig **Rätsel** zu den
      Merkwörtern und notiert die Lösungen.

> Was ist das? Es ist ein Wort mit lang gesprochenem **i**. Wir nehmen sie ein, wenn wir krank sind.

① Wähle einige Merkwörter aus diesem Heft aus.
   Übe sie mit Lolas Tipps allein oder suche dir ein Partnerkind.
   Markiere die schwierige Stelle in jedem Merkwort.

Trainingsheft
zum Grundwortschatz

Herausgegeben von:	Roland Bauer, Jutta Maurach
Erarbeitet von:	Martina Schramm in Zusammenarbeit mit der Redaktion Grundschule Deutsch 2–4
Redaktion:	Sabine Gerber, Milena Lemke, Kristina Meyer
Illustration:	Yo Rühmer, Frankfurt am Main
Umschlag:	Cornelia Gründer, agentur corngreen, Leipzig (Gestaltung); Yo Rühmer, Frankfurt am Main (Illustration)
Layout und technische Umsetzung:	lernsatz.de

www.cornelsen.de

1. Auflage, 1. Druck 2023

Alle Drucke dieser Auflage sind inhaltlich unverändert
und können im Unterricht nebeneinander verwendet werden.

© 2023 Cornelsen Verlag GmbH, Berlin

Druck: Athesiadruck GmbH

ISBN 978-3-46-480361-5 (Trainingsheft Grundwortschatz, Leihmaterial)

PEFC-zertifiziert
Dieses Produkt
stammt aus
nachhaltig
bewirtschafteten
Wäldern
PEFC/18-31-166   www.pefc.de